Impressum
Verlag: BABADADA GmbH, Nedderfeld 112 , 22529 Hamburg
Geschäftsführer / Verlagsleitung: Harald Hof
Druck: Books on Demand GmbH, In de Tarpen 42, 22848 Norderstedt

Imprint
Publisher: BABADADA GmbH, Nedderfeld 112 , 22529 Hamburg, Germany
Managing Director / Publishing direction: Harald Hof
Print: Books on Demand GmbH, In de Tarpen 42, 22848 Norderstedt

colegio

shkolla

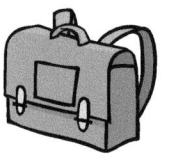

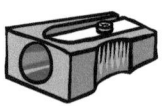

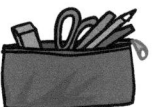

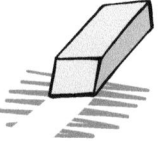

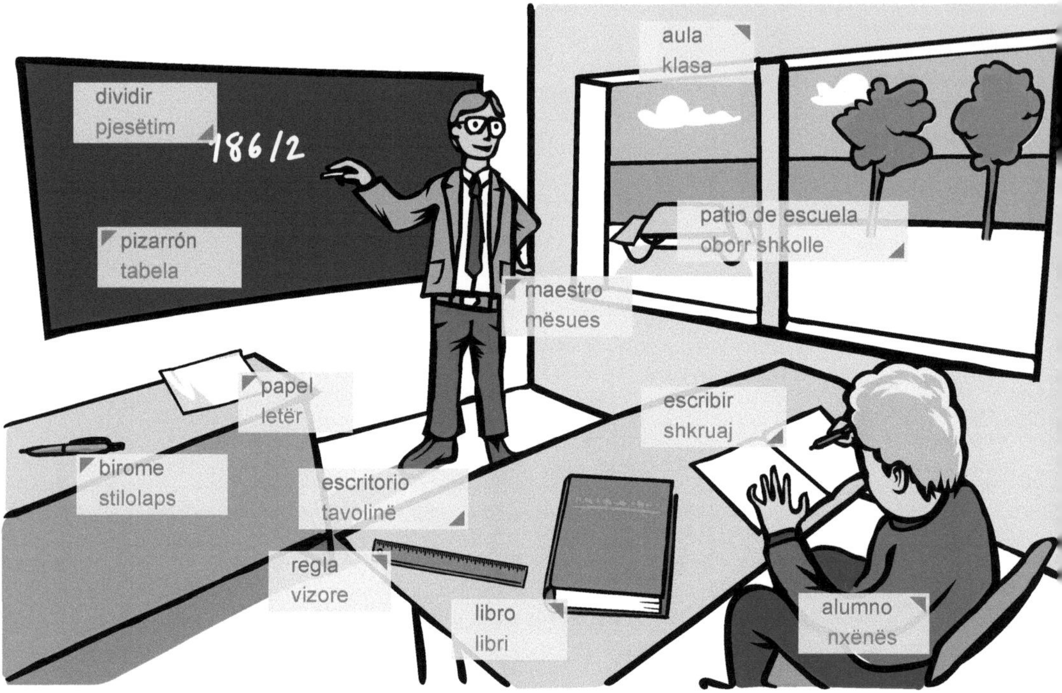

dividir
pjesëtim
186/2
aula
klasa
patio de escuela
oborr shkolle
pizarrón
tabela
maestro
mësues
papel
letër
escribir
shkruaj
birome
stilolaps
escritorio
tavolinë
regla
vizore
libro
libri
alumno
nxënës

mochila

çantë

caja de lápices

mbajtëse lapsash

lápiz

laps

sacapuntas

mprehës lapsash

goma (de borrar)

gomë

bloc de dibujo

fletore vizatimi

dibujo

vizatim

pincel

penel

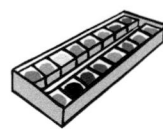

caja de pinturas

kuti bojërash

tijera

gërshërë

pegamento

ngjitës

cuaderno de ejercicios

fletore detyrash

tarea

detyrë shtëpie

número

numër

2+2

sumar

mbledh

restar

zbres

multiplicar

shumëzoj

calcular

llogaris

letra

gërmë

abecedario

alfabeti

palabra

fjalë

texto

tekst

leer

lexoj

tiza

shkumës

lección

mësim

cuaderno de clase

regjistër

examen

provim

certificado

çertifikatë

uniforme escolar

uniformë shkolle

educación

arsimim

enciclopedia

enciklopedia

universidad

universitet

microscopio

mikroskop

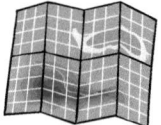

mapa

hartë

tacho (de basura)

kosh letrash

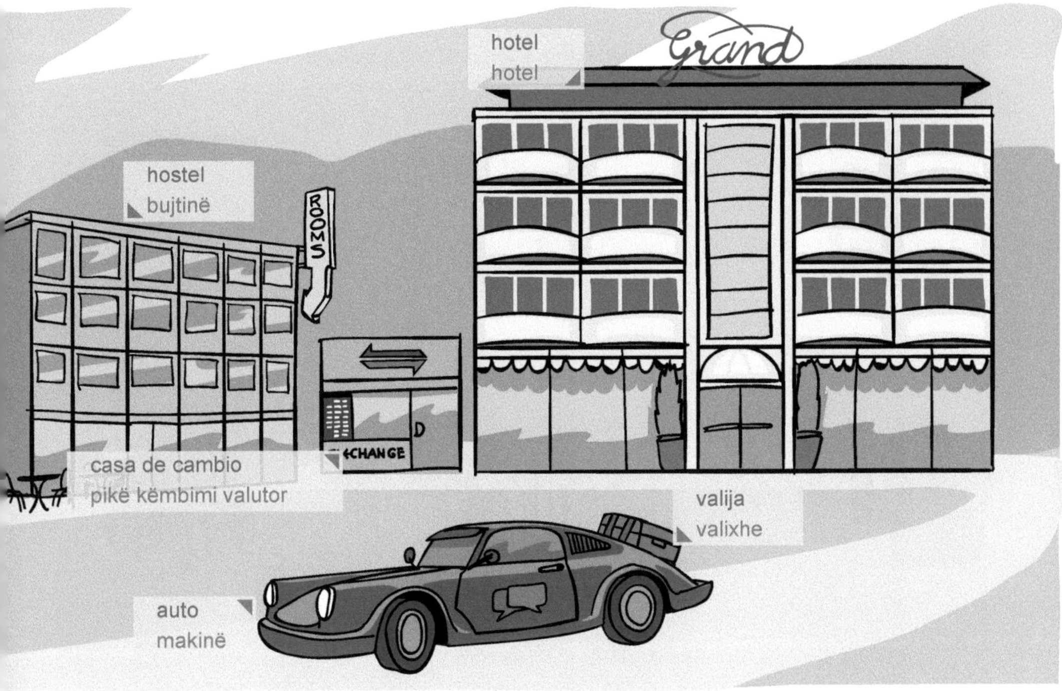

hotel
hotel

hostel
bujtinë

casa de cambio
pikë këmbimi valutor

valija
valixhe

auto
makinë

idioma
gjuhë

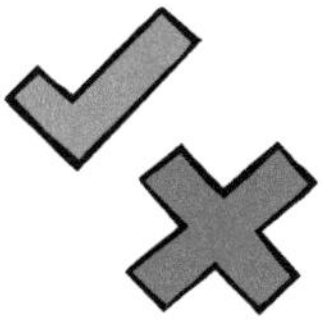

sí / no
po / jo

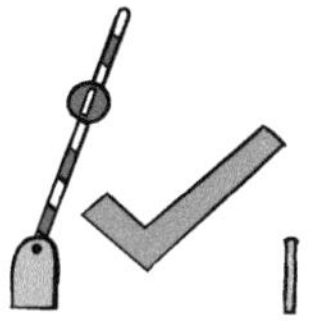

Está bien
Në rregull

hola
ç'kemi

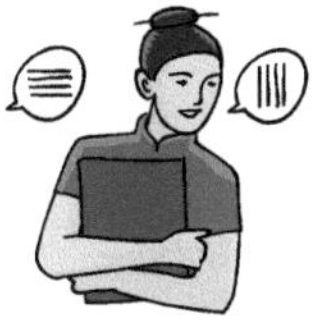

traductor
përkthyes

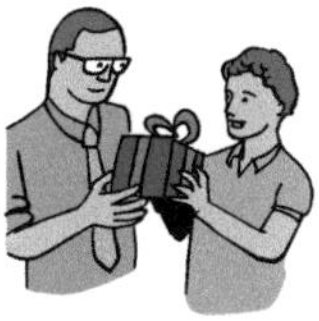

Gracias
Faleminderit

¿cuánto cuesta...?

sa kushton...?

No entiendo

nuk e kuptoj

problema

problem

¡Buenas tardes!

Mirëmbrëma!

¡Buenos días!

Mirëmëngjes!

¡Buenas noches!

Natën e mirë!

adiós

mirupafshim

dirección

drejtim

equipaje

bagazhet

bolso

çantë

mochila

çantë shpine

invitado

mysafir

habitación

dhomë

bolsa de dormir

thes gjumi

carpa

tendë

6

viaje - udhëtim

información turística

informacion për turistët

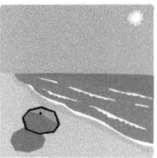

playa

plazh

tarjeta de crédito

kartë krediti

desayuno

mëngjes

almuerzo

drekë

cena

darkë

pasaje

Biletë

ascensor

ashensor

sello

pulla

frontera

kufi

aduana

doganë

embajada

ambasadë

visa

vizë

pasaporte

pasaportë

transporte
transport

avión
aeroplan

barco
anije

autobomba
makinë zjarrfikëse

colectivo
autobus

camión
kamion

lancha a motor
motoskaf

bicicleta
biçikletë

auto
makinë

ferry
traget

bote
varkë

moto
motoçikletë

patrullero
makinë policie

auto de carreras
makinë garash

auto de alquiler
makinë me qira

8

transporte - transport

alquiler de autos

darje e qirasë së makinës

grúa

karroatrec

camión de basura

makinë plehrash

motor

motor

nafta

benzinë

estación de servicio

pikë karburanti

señal de tránsito

sinjalistikë trafiku

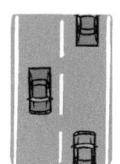

tránsito

trafik

embotellamiento

bllokim trafiku

estacionamiento

parkim makinash

estación de tren

stacion treni

vías

trase

tren

tren

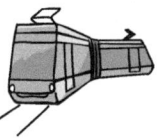

tranvía

tramvaj

vagón

karro

helicóptero

helikopter

aeropuerto

aeroport

torre

kullë

pasajero

pasagjer

contenedor

kontenier

caja de cartón

kuti kartoni

carretilla

qerre

canasta

shportë

despegar / aterrizar

ngrihem / ulem

ciudad

qytet

pueblo

fshat

centro de ciudad

qendra e qytetit

casa

shtëpi

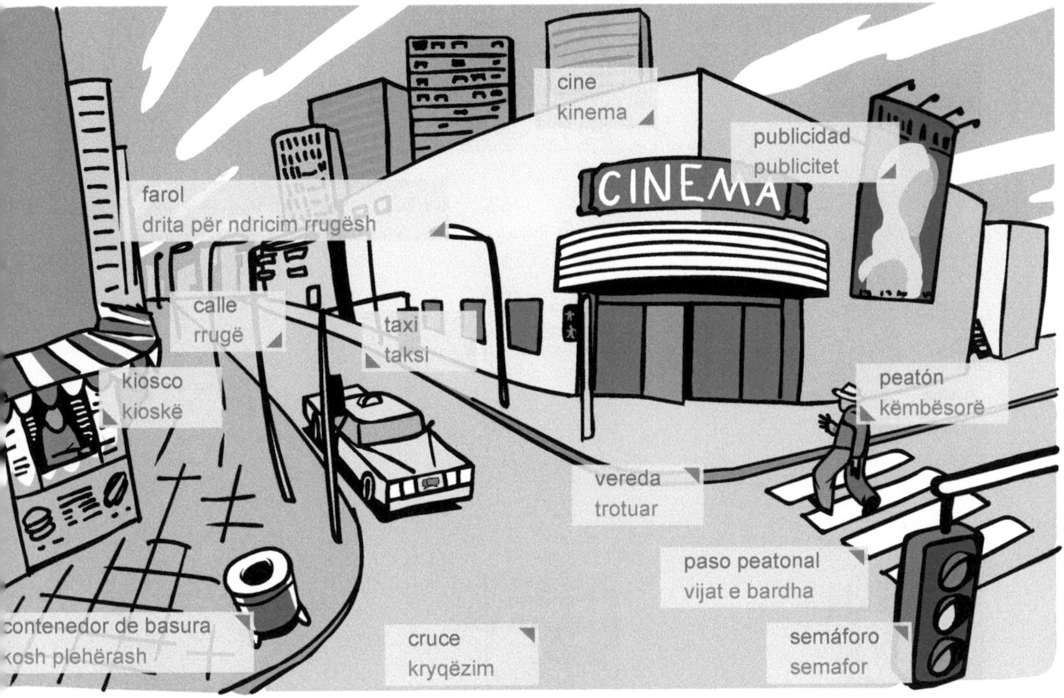

cine
kinema

publicidad
publicitet

CINEMA

farol
drita për ndricim rrugësh

calle
rrugë

taxi
taksi

kiosco
kioskë

peatón
këmbësorë

vereda
trotuar

paso peatonal
vijat e bardha

contenedor de basura
kosh plehërash

cruce
kryqëzim

semáforo
semafor

cabaña
kasolle

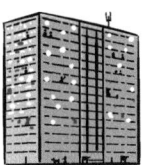
departamento
apartament

estación de tren
stacion treni

municipalidad
bashki

museo
muze

colegio
shkolla

ciudad - qytet

11

universidad

universitet

banco

bankë

hospital

spital

hotel

hotel

farmacia

farmaci

oficina

zyrë

librería

librari

negocio

dyqan

florería

dyqan lulesh

supermercado

supermarket

mercado

market

grandes tiendas

mapo

pescadería

dyqan peshku

centro comercial

qëndër tregtare

puerto

port

parque

park

banco

stol

puente

urë

escaleras

shkallë

subte

metro

túnel

tunel

parada del colectivo

stacion autobuzi

bar

bar

restaurante

restorant

buzón

kuti postare

letrero

sinjalistikë rrugore

parquímetro

kohëmatës parkimi

zoológico

kopsht zoologjik

pileta

pishinë

mezquita

xhami

granja
fermë

contaminación
ndotje

cementerio
varrezë

iglesia
kishë

juegos infantiles
shesh lojërash

templo
tempull

paisaje
peisazh

hoja
gjethe

poste indicador
tabela orientuese

camino
rrugë

pradera
livadh

piedra
gurë

árbol
pemë

excursionista
ekskursionist

río
lumë

hierba
bar

flor
lule

paisaje - peisazh

valle

luginë

montaña

kodër

lago

liqen

bosque

pyll

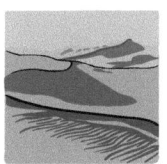

desierto

shkretëtirë

volcán

vullkan

castillo

kështjellë

arco iris

ylber

champiñón

kepudhë

palmera

palmë

mosquito

mushkonjë

mosca

mizë

hormiga

milingonë

abeja

bletë

araña

merimangë

escarabajo

brumbull

rana

bretkosë

ardilla

ketër

erizo

iriq

liebre

lepur

lechuza

buf

pájaro

zog

cisne

mjellmë

jabalí

derr i egër

ciervo

dre

alce

dre brilopatë

presa

digë

aerogenerador

turbinë ere

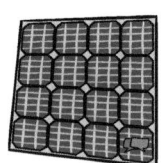

panel solar

panel diellor

clima

klimë

restaurante

restorant

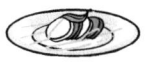

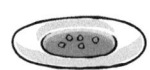

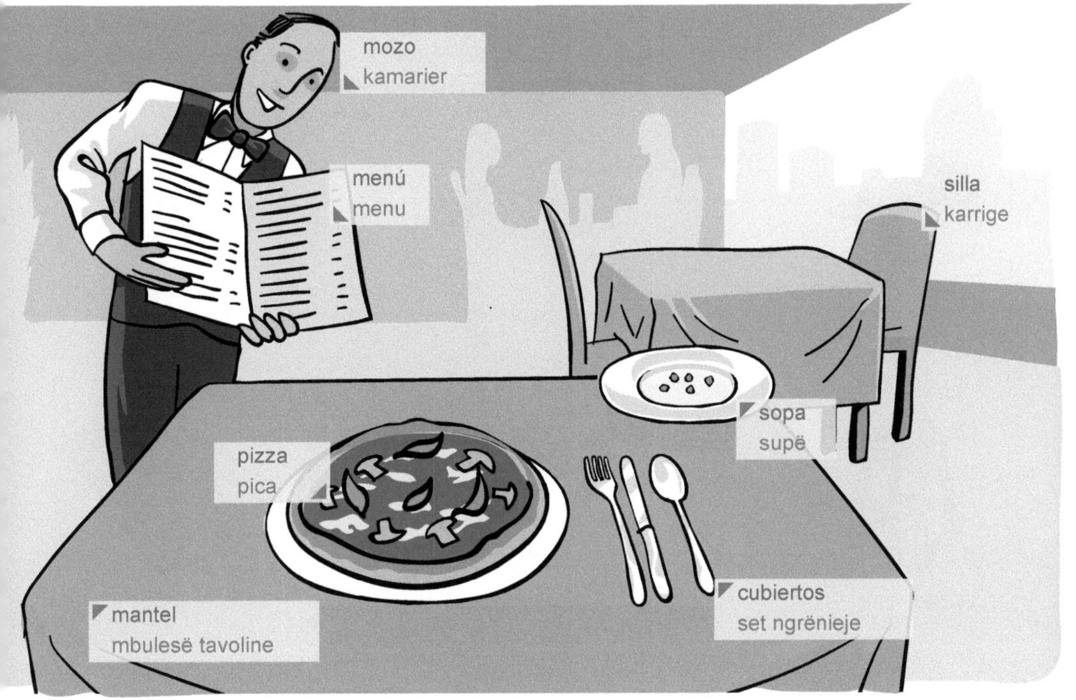

mozo
kamarier
menú
menu
silla
karrige
sopa
supë
pizza
pica
cubiertos
set ngrënieje
mantel
mbulesë tavoline

entrada

pjatë e parë

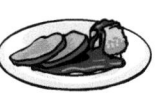

plato principal

pjatë kryesore

postre

ëmbëlsirë

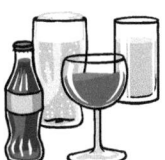

bebidas

pije

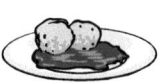

comida

ushqim

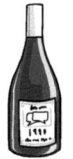

botella

shishe

comida rápida

ushqim i shpejtë

comida callejera

ushqim i shërbyer në rrugë

tetera

ibrik çaji

azucarera

kuti sheqeri

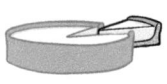

porción

racion

cafetera expreso

makinë kafeje ekspres

sillita alta

karrige e lartë

cuenta

faturë

bandeja

tabaka

cuchillo

thika

tenedor

pirun

cuchara

lugë

cucharita

lugë çaji

servilleta

pecetë

vaso

gotë

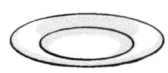

plato

pjatë

plato hondo

pjatë supe

plato

pjatë filxhani

salsa

salcë

salero

mbajtëse kripe

molinillo de pimienta

mulli piperi

vinagre

uthull

aceite

vaj

especias

erëza

kétchup

keçap

mostaza

mustardë

mayonesa

majonezë

supermercado
supermarket

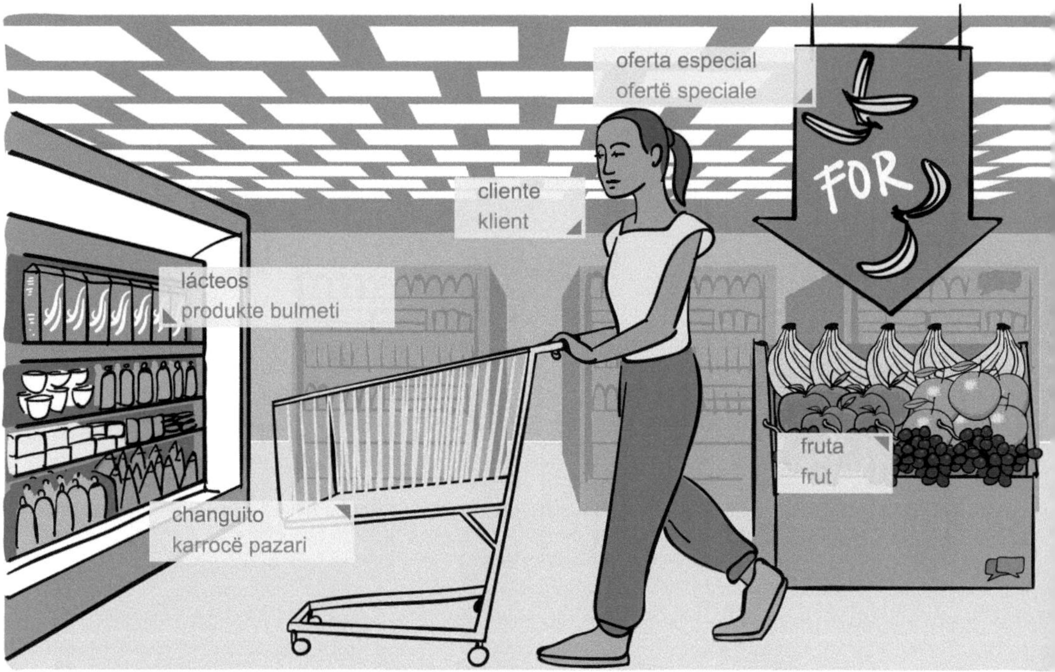

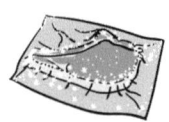

oferta especial
ofertë speciale
FOR
cliente
klient
lácteos
produkte bulmeti
fruta
frut
changuito
karrocë pazari

BUTCHERS

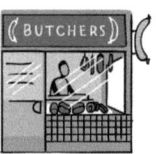

carnicería

dyqan mishi

BAKERY

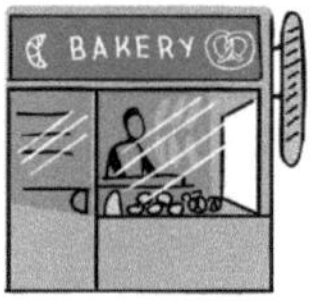

panadería

furrë buke

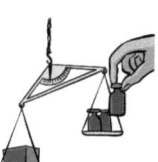

pesar

peshoj

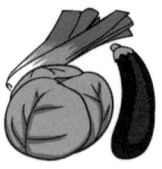

verduras

perime

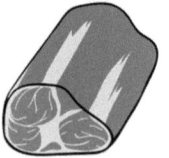

carne

mish

alimentos congelados

ushqim i ngrirë

fiambres

copë

alimentos enlatados

ushqim i konservuar

detergente en polvo

pluhur larës

golosinas

ëmbëlsirat

electrodomésticos

prodhime shtëpie

productos de limpieza

produkte pastrimi

vendedora

shitëse

caja

kasë fiskale

cajero

arkëtar

lista de compras

listë blerjeje

horario de atención

oraret e punës

billetera

portofol

tarjeta de crédito

kartë krediti

cartera

çantë

bolsa de plástico

qese plastike

bebidas

pije

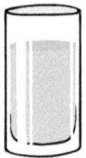

agua

ujë

jugo

lëng frutash

leche

qumësht

bebida cola

koka-kola

vino

verë

cerveza

birrë

alcohol

alkool

cacao

kakao

té

çaj

café

kafe

café expreso

kafe ekspres

cappuccino

kapuçino

banana

banane

manzana

mollë

naranja

portokalle

melón

pjepër

limón

limon

zanahoria

karrotë

ajo

hudhër

bambú

bambu

cebolla

qepë

champiñón

kërpudha

nueces

arra

fideos

makarona

tallarines

spageti

arroz

oriz

ensalada

sallatë

papas fritas

patate të skuqura

papas fritas

patate të skuqura

pizza

pica

hamburguesa

hamburger

sándwich

sanduiç

churrasco

shnicel

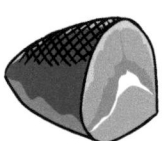

jamón

proshutë

salame

sallam

salchicha

salçiçe

pollo

pulë

asado

skuq

pescado

peshk

copos de avena

tërshërë

muesli

drithëra

copos de maíz

kornfleiks

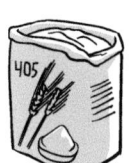

harina

miell

medialuna

kruasant

pancito

panine

pan

bukë

tostada

tost

galletitas

biskotë

manteca

gjalp

cuajada

gjizë

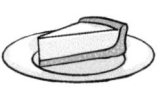

torta

tortë

huevo

vezë

huevo frito

vezë sy

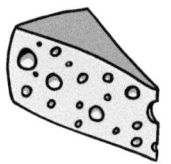

queso

djathë

helado

akullore

azúcar

sheqer

miel

mjaltë

mermelada

marmaladë

pasta de chocolate

çokokrem

curry

këri

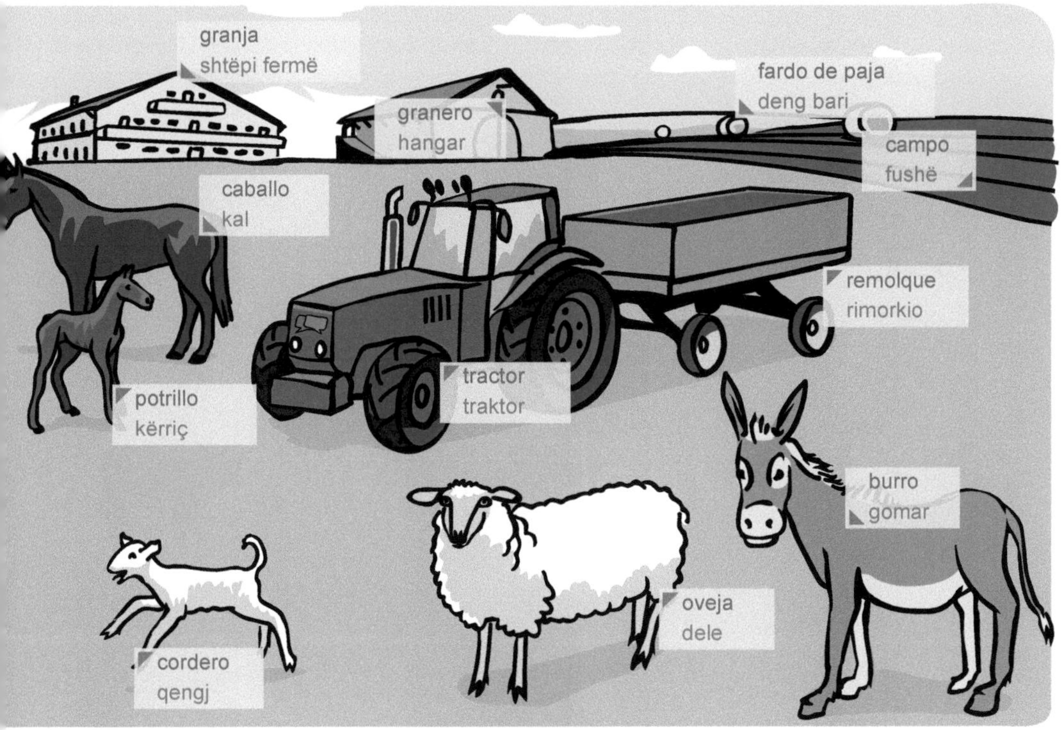

granja
shtëpi fermë

fardo de paja
deng bari

granero
hangar

campo
fushë

caballo
kal

remolque
rimorkio

potrillo
kërriç

tractor
traktor

burro
gomar

cordero
qengj

oveja
dele

cabra

dhi

vaca

lopë

ternero

viç

cerdo

derr

lechón

derrkuc

toro

dem

ganso

patë

pato

rosë

pollo

zog pule

gallina

pulë

gallo

gjel

rata

mi

gato

mace

ratón

mi

buey

buall

perro

qen

cucha

kolibe qeni

manguera

zorrë vaditëse

regadera

vaditëse

guadaña

kosë

arado

plug

hoz

drapër

azada

shat

horquilla

kosa

hacha

sëpatë

carretilla

karrocë

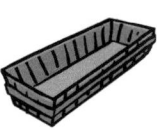

abrevadero

govatë

lechera

bidon qumështi

bolsa

thes

reja

gardh

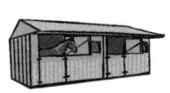

establo

ahur

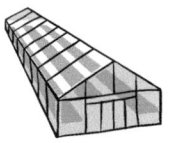

invernadero

serë

suelo

dhe

semilla

farë

fertilizador

pleh

cosechadora

autokombanjë

cosechar

korr

cosecha

te korrat

batatas

patate e ëmbël "Yam"

trigo

grurë

soja

soja

papa

patate

maíz

misër

semilla de colza

raps

árbol frutal

pemë frutore

mandioca

zhardhok manioku

cereales

drithëra

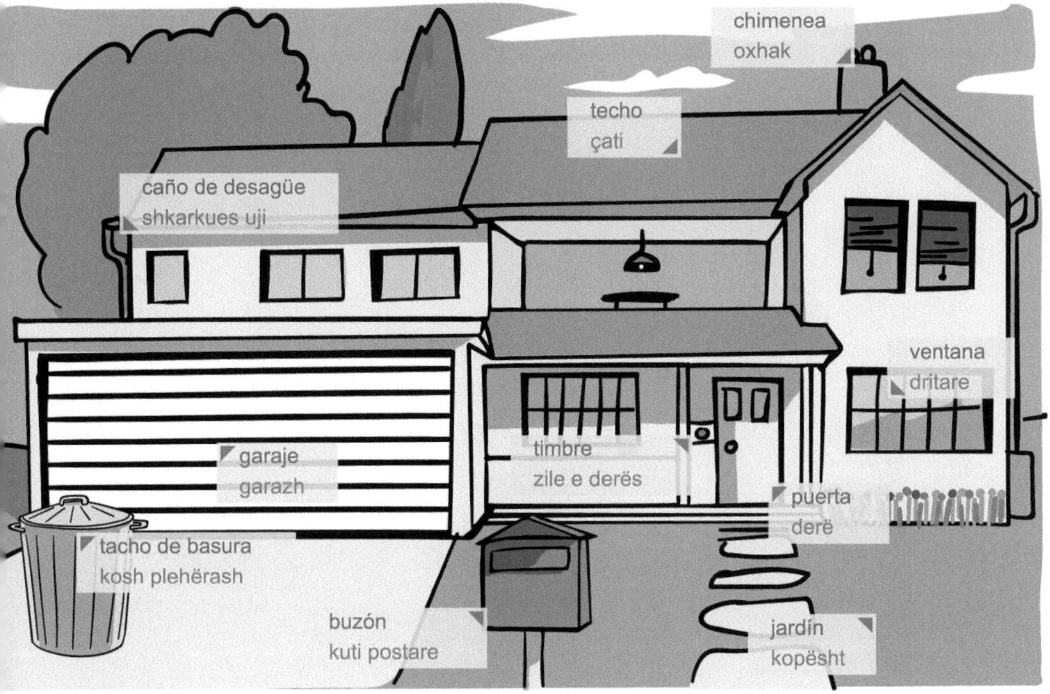

chimenea
oxhak

techo
çati

caño de desagüe
shkarkues uji

ventana
dritare

garaje
garazh

timbre
zile e derës

puerta
derë

tacho de basura
kosh plehërash

buzón
kuti postare

jardín
kopësht

living
dhomë ndenjeje

baño
tualet

cocina
kuzhinë

dormitorio
dhomë gjumi

cuarto de los chicos
dhomë fëmijësh

comedor
dhomë ngrënieje

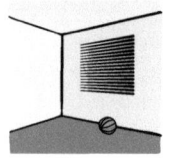

piso

dysheme

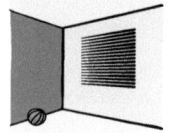

pared

mur

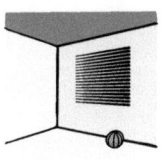

cielorraso

tavan

sótano

bodrum

sauna

sauna

balcón

ballkon

terraza

tarracë

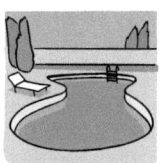

pileta

pishinë

cortadora de pasto

kositëse bari

sábana

çarçaf

acolchado

kuvertë

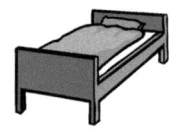

cama

krevat

escoba

fshesë dore

balde

kovë

interruptor

çelës

living
dhomë ndenjeje

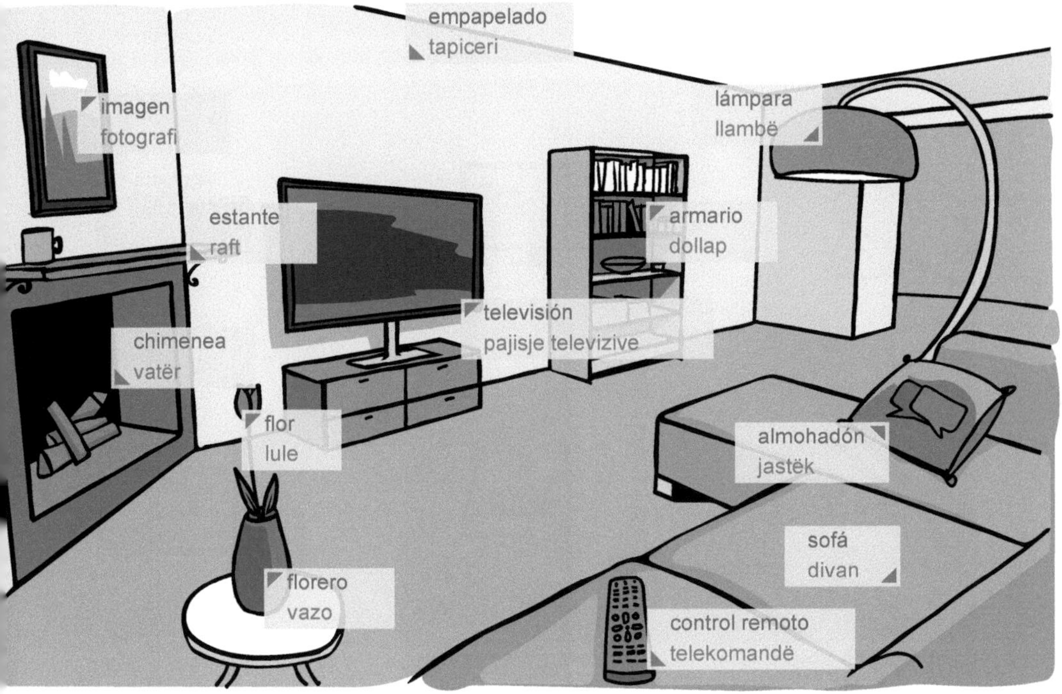
empapelado
tapiceri
imagen
fotografi
lámpara
llambë
estante
raft
armario
dollap
televisión
pajisje televizive
chimenea
vatër
flor
lule
almohadón
jastëk
sofá
divan
florero
vazo
control remoto
telekomandë

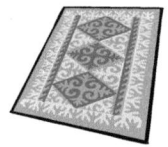

alfombra

qilim

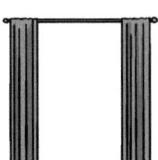

cortina

perde

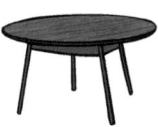

mesa

tavolinë

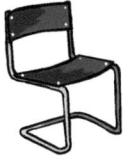

silla

karrige

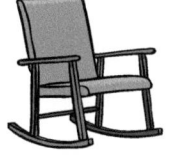

mecedora

karrige lëkundëse

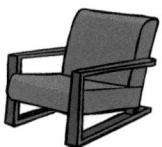

sillón

kolltuk

libro

libri

frazada

batanije

decoración

zbukurime

leña

dru zjarri

película

film

equipo de música

stereo

llave

çelës

diario

gazetë

pintura

pikturë

póster

afishe

radio

radio

cuaderno

bllok shënimesh

aspiradora

fshesë me korent

cactus

kaktus

vela

qiri

cocina
kuzhinë

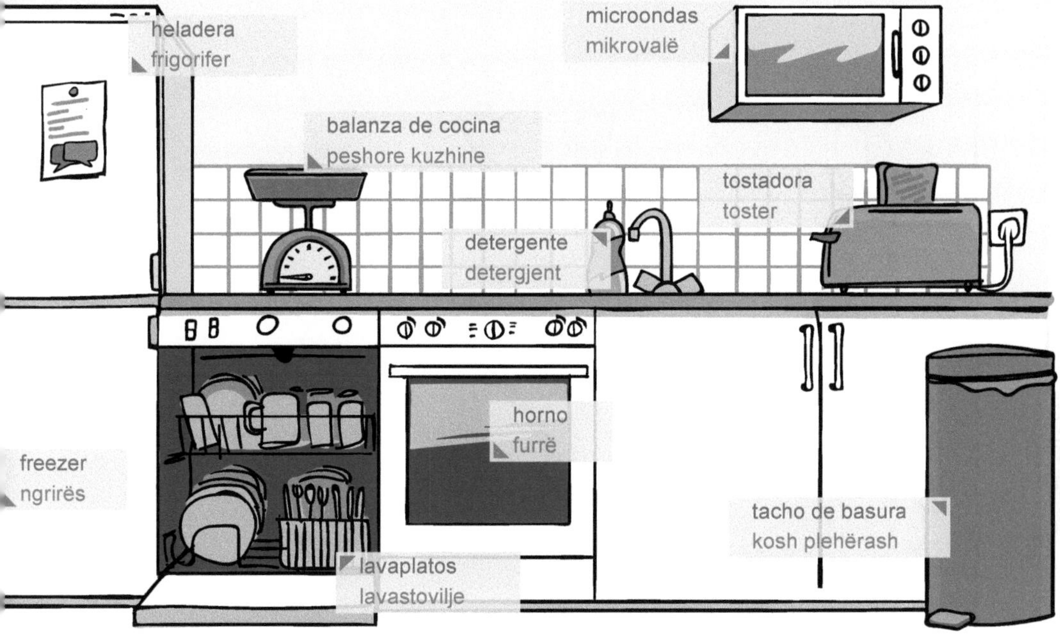
heladera
frigorifer
microondas
mikrovalë
balanza de cocina
peshore kuzhine
tostadora
toster
detergente
detergjent
horno
furrë
freezer
ngrirës
tacho de basura
kosh plehërash
lavaplatos
lavastovilje

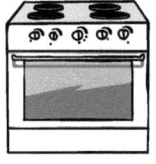

cocina

sobë

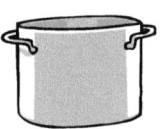

olla

tenxhere

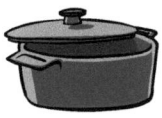

olla de hierro fundido

tenxhere me kapak

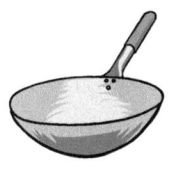

wok

tigan special (Wok)

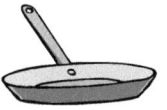

sartén

tigan

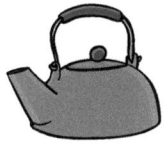

pava

çajnik

vaporera

tenxhere me avull

bandeja de horno

tavë pjekjeje

vajilla

enë

taza

filxhan

bol

tas

palitos

shkopinj

cucharón

garuzhde

estpátula

spatul

batidora

tel kuzhine

colador

kulluese

colador

sitë

rallador

rende

mortero

havan

parrilla

skarë

fogata

zjarr

tabla de picar

dërrasë për prerje

palo de amasar

okllai

sacacorchos

heqëse tapash

lata

kanaçe

abrelatas

hapëse kanaçeje

manopla

rrobë për të kapur
tenxheren

pileta

lavaman

cepillo

furçë

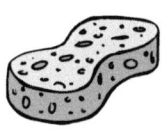

esponja

sfungjer

batidora

përzjerës

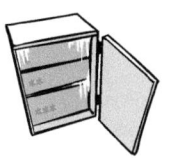

congelador

ngrirës

mamadera

biberon për lëngje

canilla

rubinet

baño
tualet

calefacción
ngrohje

ducha
dush

toalla
peshqirë

cortina de ducha
perde dushi

baño de espuma
vaskë me shkumë

bañadera
vaskë

vaso
gotë

lavarropas
lavatriçe

baldosas
pllaka

canilla
rubinet

pelela
oturak

pileta
lavaman

inodoro
....
tualet

letrina
....
WC e sheshtë

bidé
....
bide

mingitorio
....
tualet publik

papel higiénico
....
letër higjienike

cepillo para el inodoro
....
furçe për WC

cepillo de dientes

furçë dhëmbësh

dentífrico

pastë dhëmbësh

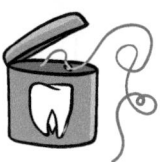

hilo dental

fije dentare

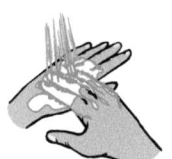

lavar

laj

ducha de mano

dorezë dushi

ducha higiénica

larës për zonën intime

palangana

legen

cepillo para espalda

furçë për masazh shpine

jabón

sapun

gel de ducha

shampo trupi

shampoo

shampo

toallita

leckë pastruese

desagüe

kullues

crema

krem

desodorante

antidjersë

espejo

pasqyrë

espejito

pasqyrë dore

maquinita de afeitar

brisk rroje

espuma de afeitar

shkumë rroje

aftershave

locion pas rrojes

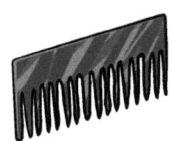

peine

krehër

cepillo

furçë

secador de pelo

tharëse flokësh

spray

llak për flokët

maquillaje

grim

lápiz de labios

buzëkuq

esmalte para uñas

manikyr

algodón

mbushje pambuku

tijera para uñas

gërshërë për thonj

perfume

parfum

portacosméticos

antë për sendet personale

banqueta

Stol

balanza

peshore

bata

robëdëshambër

guantes de goma

dorashka gome

tampón

tampon

toallita femenina

peceta higjienike

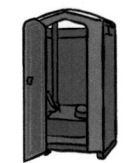

baño químico

tualet I lëvizshëm

cuarto de los chicos
dhomë fëmijësh

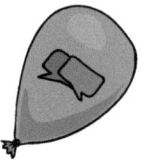

despertador
orë me zile
peluche
lodra me pellushë
coche de juguete
makinë lodër
sonajero
rraketake
casa de muñecas
shtëpi kukullash
regalo
dhuratë

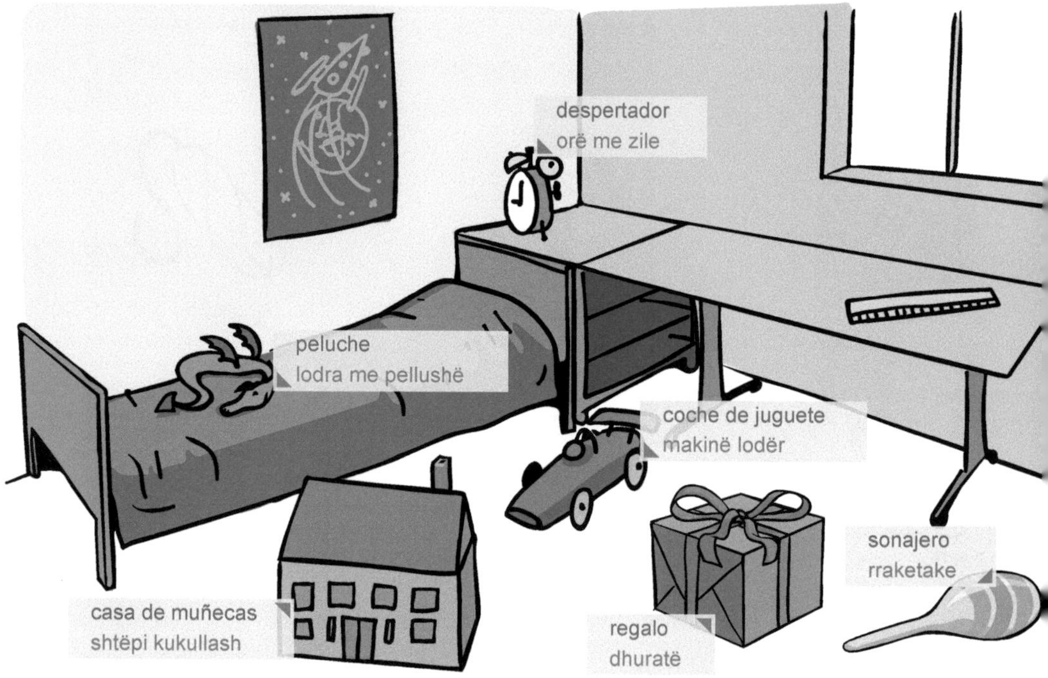

globo

tollumbace

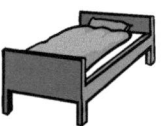

cama

krevat

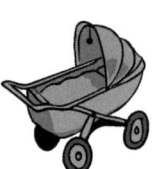

cochecito

karrocë fëmijësh

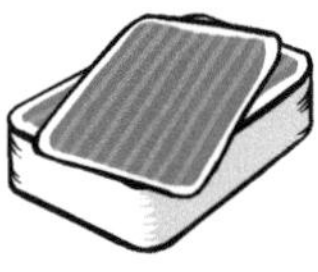

cartas

lojë me letra

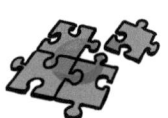

rompecabezas

bashkim pjesësh me figura

SUPER
MEGA

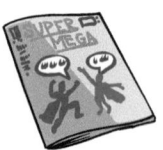

historieta

komik

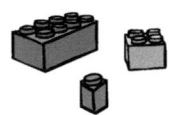

piezas de lego

formuese lodër

ladrillos de juguete

kuba plastikë

figura de acción

lodra

enterito (de bebé)

badi

frisbee

frizbi

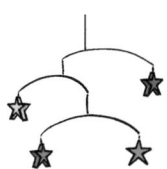

móvil para bebés

lodra të varura tek krevati i fëmijëve

juego de mesa

tavolinë lojërash

dados

zare

tren eléctrico

model treni

chupete

biberon

fiesta

festë

libro de cuentos ilustrado

libër me ilustrime

pelota

top

muñeca

kukull

jugar

luaj

arenero

grumbull rëre

hamaca

kolovarëse

juguetes

lodra

consola de videojuegos

leva për lojra video

triciclo

triçikël

osito de peluche

arush prej pellushi

armario

garderobë

ropa

veshje

medias

çorape

medias panty

çorape të gjata

calzas

geta

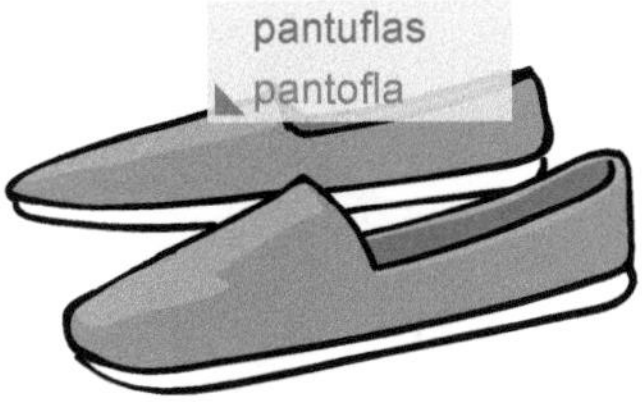

bufanda
shall

paraguas
çadër

remera
bluzë pa jakë

cinturón
rrip

botas
çizme

pantuflas
pantofla

zapatillas
atlete

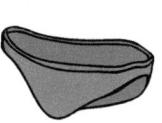

sandalias
....
sandale

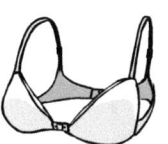

zapatos
....
këpucë

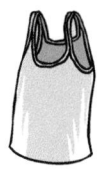

botas de goma
....
çizme llastiku

ropa interior
....
të mbathura

corpiño
....
reçipeta

chaleco
....
kanotierë

body

trup

pantalones

pantallona

jeans

xhinse

pollera

fund

blusa

bluzë

camisa

këmishë

pulóver

pulovër

buzo

triko

blazer

xhaketë

campera

xhaketë

tapado

pallto

piloto

mushama shiu

traje

kostum

vestido

fustan

vestido de novia

fustan nusërie

traje

kostum

camisón

këmishë nate

pijama

pizhama

sari

sari (veshje tradicionale indiane)

pañuelo para cabeza

shami koke

turbante

çallmë

burka

eshje për femrat e besimit musliman

caftán

kaftan (lloj veshjeje tradicionale)

abaya

ferexhe

traje de baño

kostum banje

short de baño

rroba banje

shorts

pantallona të shkurtra

jogging

tuta sporti

delantal

përparëse

guantes

dorashka

botón

kopsë

anteojos

syze

pulsera

byzylyk

collar

gjerdan

anillo

unazë

aro

vath

gorra

kapuç

percha

varëse për pallto

sombrero

kapele

corbata

kravatë

cierre

zinxhir

casco

helmetë

tiradores

tiranda

uniforme escolar

uniformë shkolle

uniforme

uniformë

babero

gushore

chupete

biberon

pañal

pelenë

oficina
zyrë

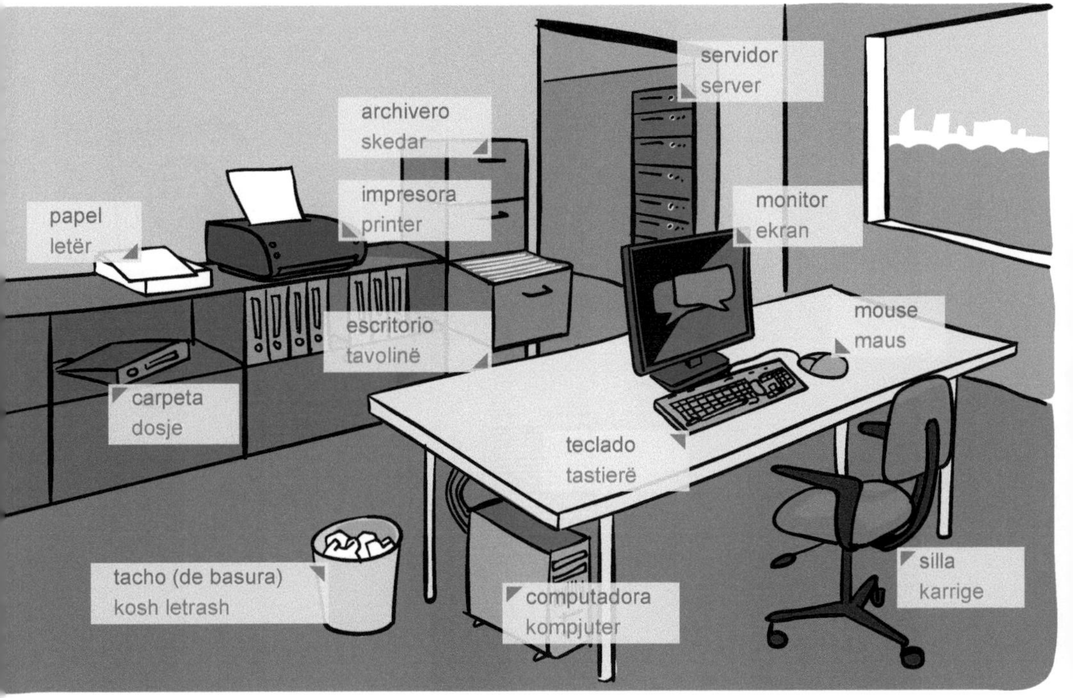

servidor
server

archivero
skedar

impresora
printer

monitor
ekran

papel
letër

mouse
maus

escritorio
tavolinë

carpeta
dosje

teclado
tastierë

tacho (de basura)
kosh letrash

silla
karrige

computadora
kompjuter

taza de café

filxhan kafeje

calculadora

makinë llogaritëse

internet

internet

laptop

kompjuter portativ

carta

letër

mensaje

mesazh

celular

telefon

red

rrjet

fotocopiadora

fotokopje

software

program

teléfono

telefon

tomacorriente

prizë

fax

pajisje faksi

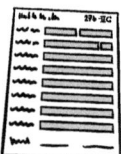

formulario

formular

documento

dokument

comprar

blej

pagar

paguaj

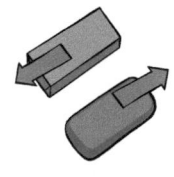

hacer negocios

tregtoj

dinero

para

 USD

dólar

dollar

 EUR

euro

euro

JPY

yen

jen

RUB

rublo

rubla

CHF

franco suizo

franga zvicerane

CNY

yuan

juani kinez

INR

rupia

rupje

cajero automático

bankomat

casa de cambio

pikë këmbimi valutor

oro

ar

plata

argjend

petróleo

nafta

energía

energji

precio

çmim

contrato

kontratë

impuesto

taksë

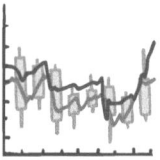

acción

aksione

trabajar

punoj

empleado

punonjës

empleador

punëdhënës

fábrica

fabrikë

negocio

dyqan

ocupaciones
profesionet

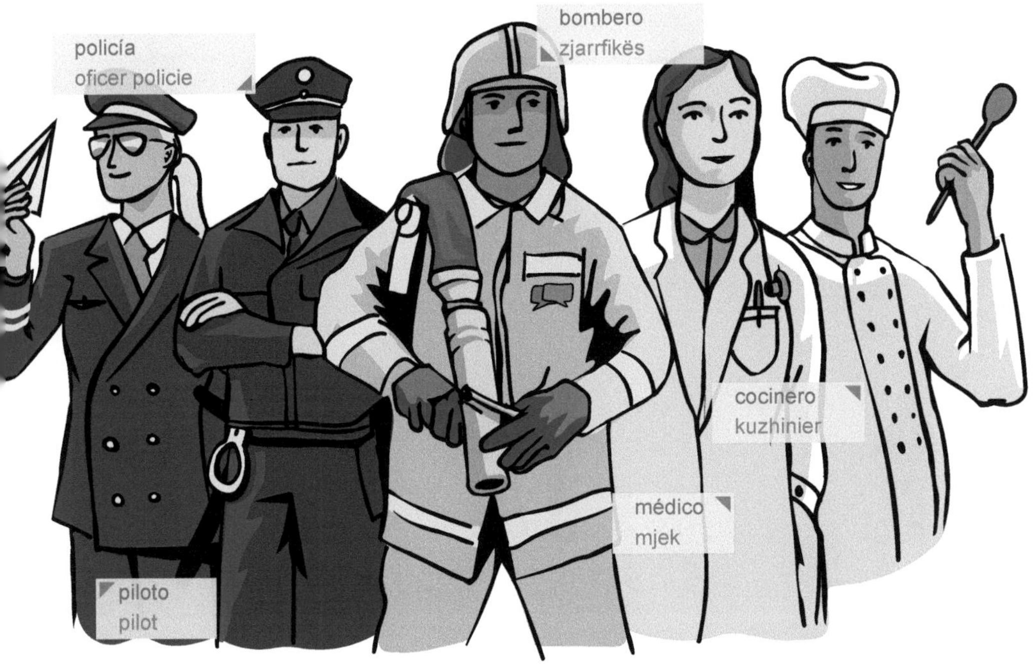
bombero
zjarrfikës
policía
oficer policie
cocinero
kuzhinier
médico
mjek
piloto
pilot

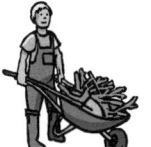

jardinero

kopshtar

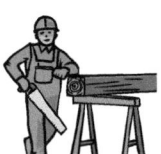

carpintero

marangoz

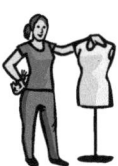

modista

rrobaqepëse

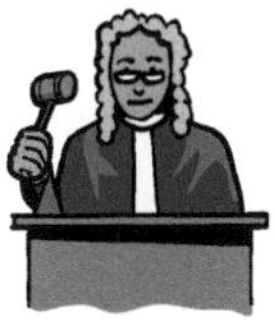

juez

gjykatës

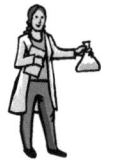

farmacéutico

kimist

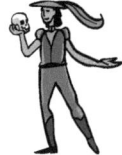

actor

aktor

colectivero

shofer autobuzi

taxista

taksist

pescador

peshkatar

mucama

pastruese

techista

riparues çatish

mozo

kamarier

cazador

gjuetar

pintor

piktor

panadero

furrxhi

electricista

elektriçist

albañil

ndërtues

ingeniero

inxhinier

carnicero

kasap

plomero

hidraulik

cartero

postieri

soldado

ushtar

arquitecto

arkitekt

cajero

arkëtar

florista

luleshitës

peluquero

berber

cobrador

kontrollor

mecánico

mekanik

capitán

kapiten

dentista

dentist

científico

shkencëtar

rabino

rabin

imán

imam

monje

murg

sacerdote

klerik

herramientas
mjete

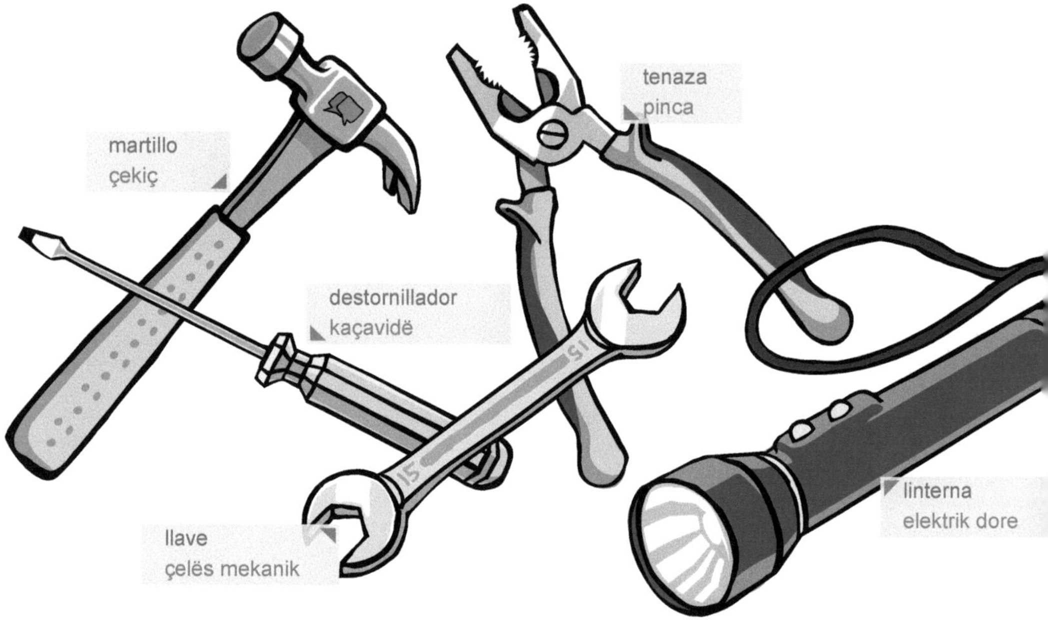

martillo
çekiç
tenaza
pinca
destornillador
kaçavidë
llave
çelës mekanik
linterna
elektrik dore

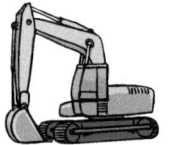

excavadora

ekskavator

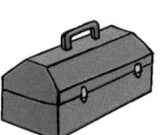

caja de herramientas

kuti veglash

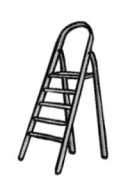

escalera portátil

shkallë

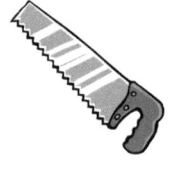

sierra

sharrë

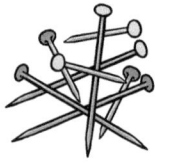

clavos

gozhdë

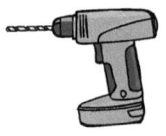

taladro

trapan

arreglar

riparoj

pala de jardín

lopatë

¡Qué bronca!

Dreq!

pala de plástico

kaci

tacho de pintura

kuti boje

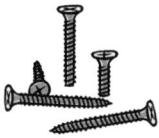

tornillos

vidhë

instrumentos musicales
instrumenta muzikorë

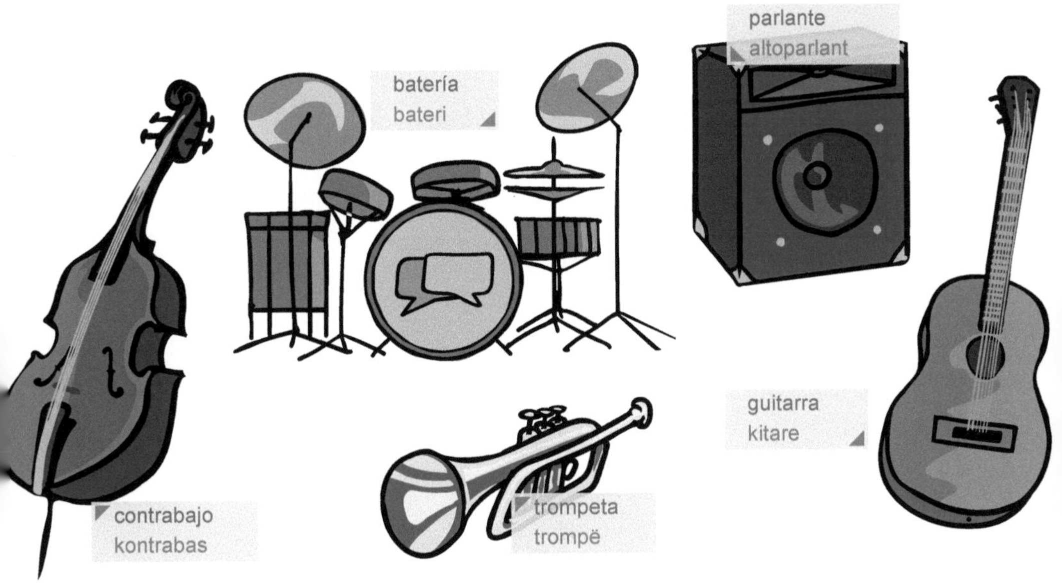

batería
bateri

parlante
altoparlant

guitarra
kitare

contrabajo
kontrabas

trompeta
trompë

piano

piano

violín

violinë

bajo

bas

timbales

tamburë

tambor

daulle

teclado

tastierë pianoje

saxofón

saksofon

flauta

flaut

micrófono

mikrofon

zoológico

kopsht zoologjik

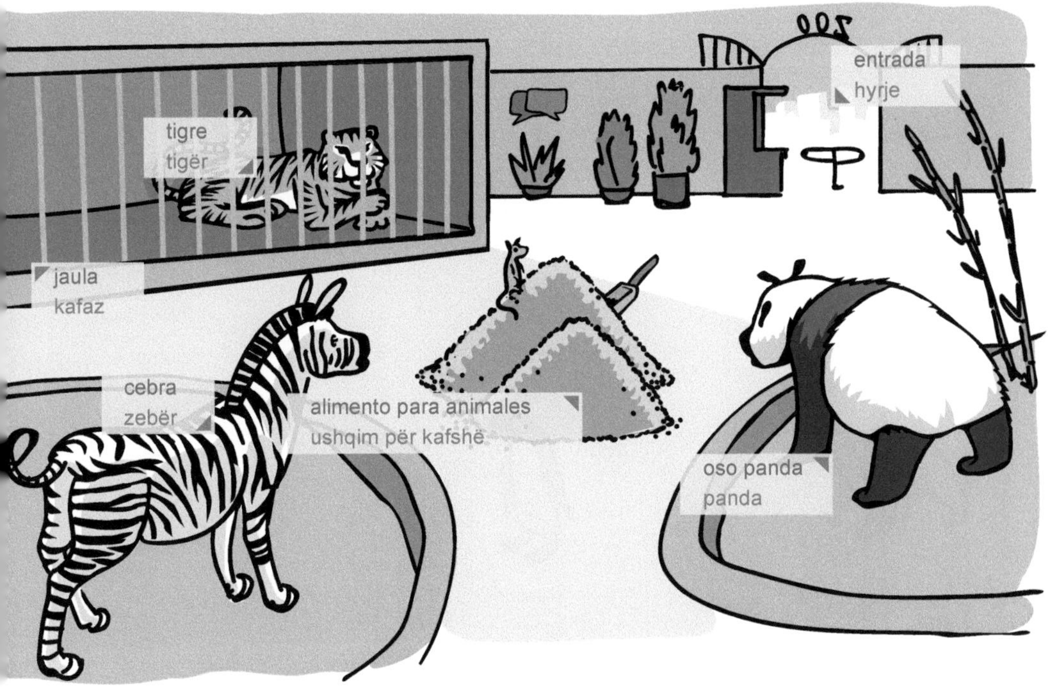

200
entrada
hyrje
tigre
tigër
jaula
kafaz
cebra
zebër
alimento para animales
ushqim për kafshë
oso panda
panda

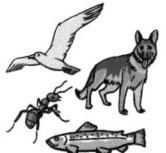

animales

kafshë

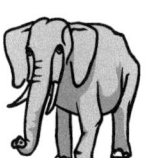

elefante

elefant

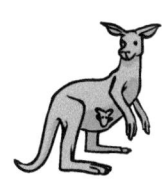

canguro

kangur

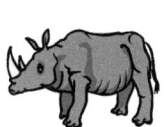

rinoceronte

rinoceront

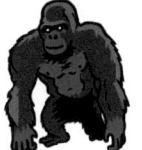

gorila

gorillë

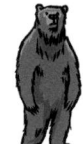

oso

ari

camello

deve

avestruz

struc

león

luan

mono

majmun

flamenco

flamingo

loro

papagall

oso polar

ari polar

pingüino

pinguin

tiburón

peshkaqen

pavo real

pallua

serpiente

gjarpër

cocodrilo

krokodil

cuidador del zoológico

punonjës i kopshtit zoologjik

foca

fokë

jaguar

xhaguar

poni

poni

leopardo

leopard

hipopótamo

hipopotam

jirafa

gjirafë

águila

shqiponjë

jabalí

derr i egër

pescado

peshk

tortuga

breshkë

morsa

lopë deti

zorro

dhelpër

gacela

gazelë

deportes
sportet

fútbol americano
futboll amerikan

ciclismo
çiklizëm

tenis
tenis

básquet
basketboll

natación
not

boxeo
boks

hockey sobre hielo
hokej mbi akull

fútbol
futboll

bádminton
badminton

atletismo
atletikë

handball
hendboll

esquí
ski

polo
polo

actividades
aktivitet

reír
qesh
saltar
hidhem
abrazar
përqafoj
caminar
eci
cantar
këndoj
soñar
ëndërroj
rezar
lutem
besar
puth

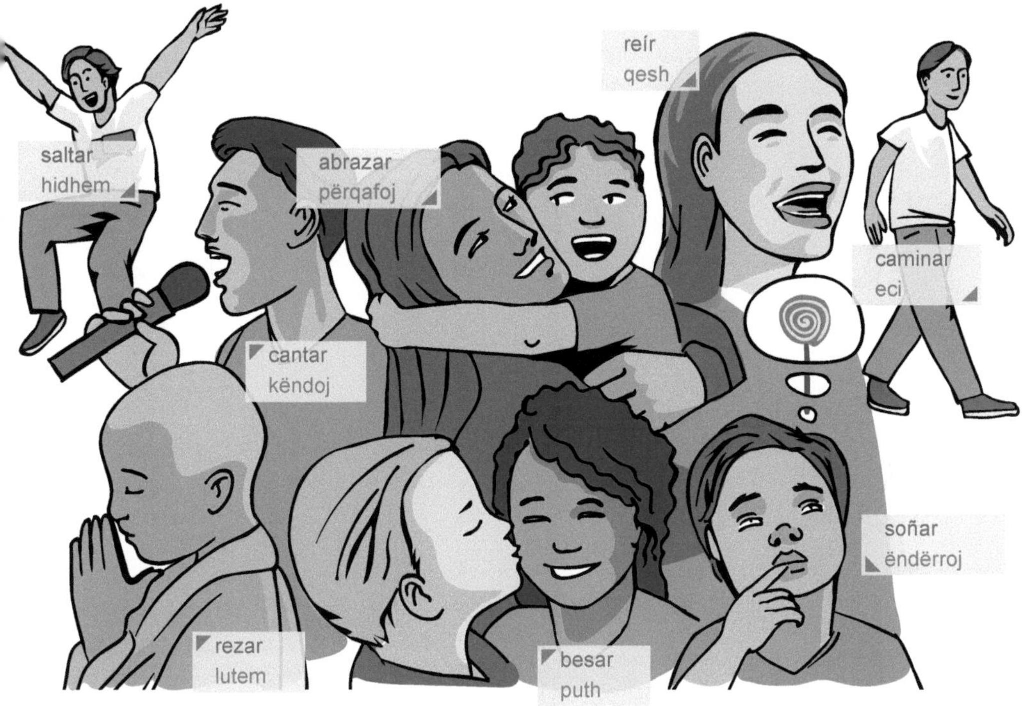

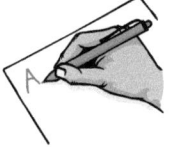

escribir

shkruaj

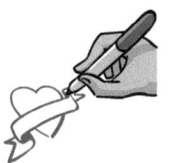

dibujar

vizatoj

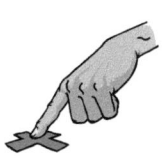

mostrar

tregoj

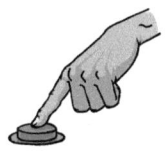

presionar

shtyj

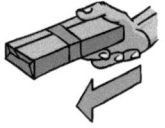

dar

jap

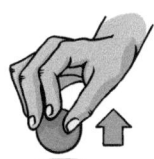

tomar

marr

tener

kam

hacer

bëj

ser

jam

estar parado

qëndroj

correr

vrapoj

tirar

tërheq

tirar

hedh

caer

bie

estar acostado

shtrihem

esperar

pres

llevar

mbaj

estar sentado

ulem

vestirse

vishem

dormir

fle

despertar

zgjohem

mirar

shikoj

llorar

qaj

acariciar

përkëdhel

peinar

kreh

hablar

bisedoj

entender

kuptoj

preguntar

kërkoj

escuchar

dëgjoj

beber

pi

comer

ha

ordenar

sistemoj

amar

dashuroj

cocinar

gatuaj

manejar

drejtoj makinën

volar

fluturoj

actividades - aktivitet

65

navegar

lundroj

calcular

llogaris

leer

lexoj

aprender

mësoj

trabajar

punoj

casarse

martohem

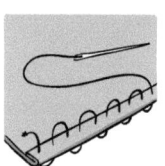

coser

qep

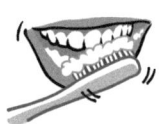

cepillarse los dientes

laj dhëmbët

matar

vras

fumar

tymos

enviar

dërgoj

actividades - aktivitet

familia
familje

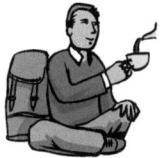

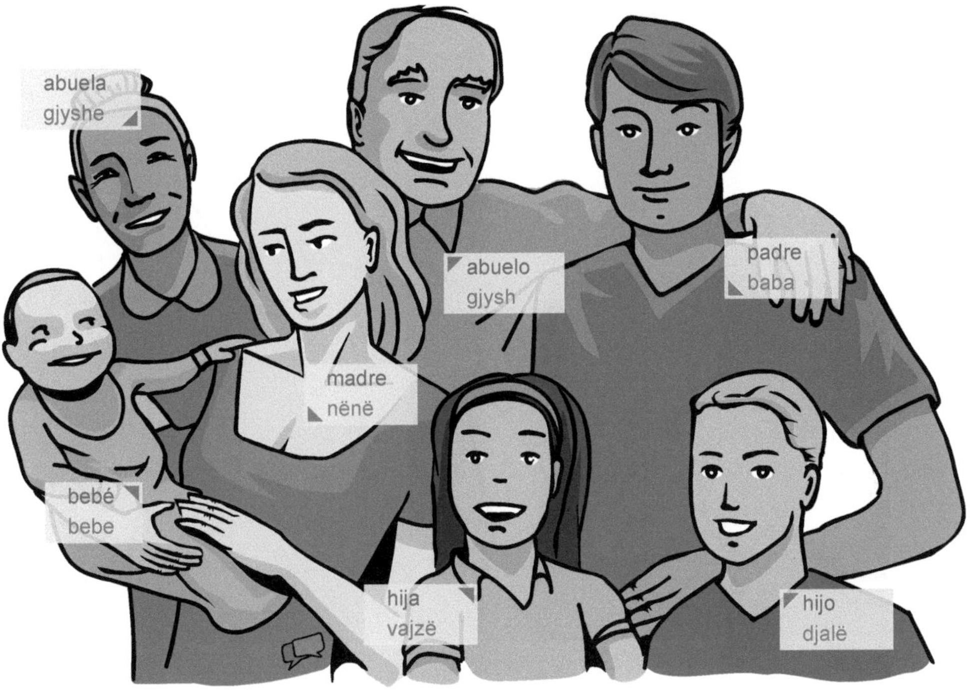

abuela
gjyshe
abuelo
gjysh
padre
baba
madre
nënë
bebé
bebe
hija
vajzë
hijo
djalë

invitado

mysafir

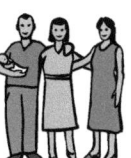

tía

teze, hallë

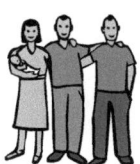

tío

dajë, xhaxha

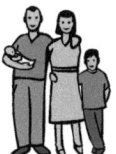

hermano

vëlla

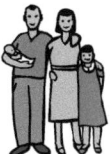

hermana

motër

cuerpo
trupi

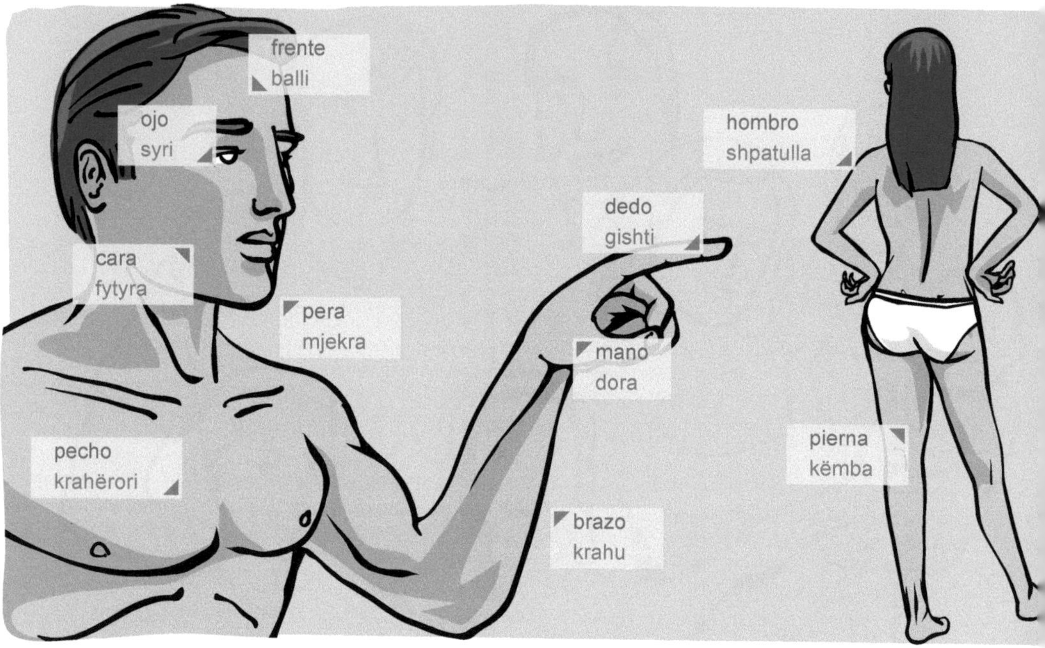

frente
balli

ojo
syri

hombro
shpatulla

dedo
gishti

cara
fytyra

pera
mjekra

mano
dora

pecho
krahërori

pierna
këmba

brazo
krahu

bebé
bebe

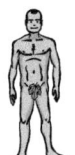
hombre
burrë

mujer
grua

nena
vajzë

nene
djalë

cabeza
koka

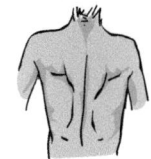	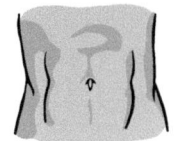	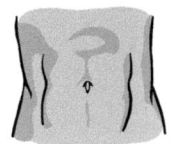
espalda	panza	ombligo
shpina	barku	kërthiza
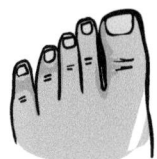	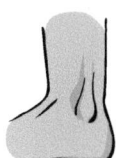	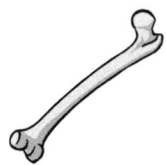
dedo del pie	talón	hueso
gisht këmbe	Thembra	kockë
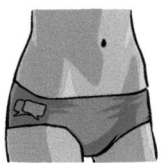		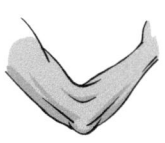
cadera	rodilla	codo
legeni	gjuri	bërryli
		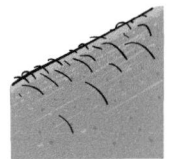
nariz	cola	piel
hunda	vithe	lëkura
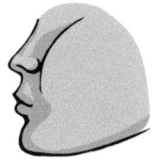	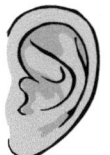	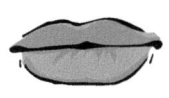
cachete	oreja	labio
faqja	veshi	buza

boca

goja

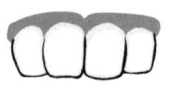

diente

dhëmbët

lengua

gjuha

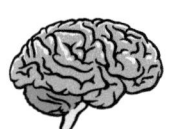

cerebro

truri

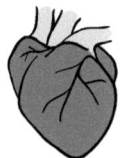

corazón

zemra

músculo

muskul

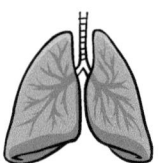

pulmón

mushkëria

hígado

mëlçia

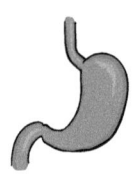

estómago

stomaku

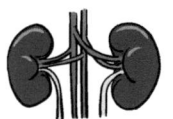

riñones

veshka

sexo

seks

preservativo

prezervativ

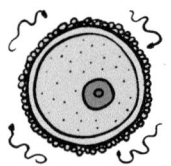

óvulo

veza

semen

sperma

embarazo

shtatëzani

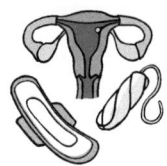

menstruación

menstruacione

vagina

vagina

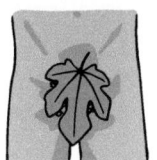

pene

penis

ceja

vetulla

pelo

flokët

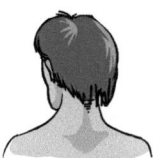

cuello

qafa

hospital
spital

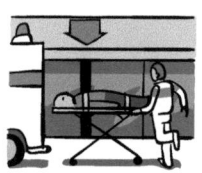

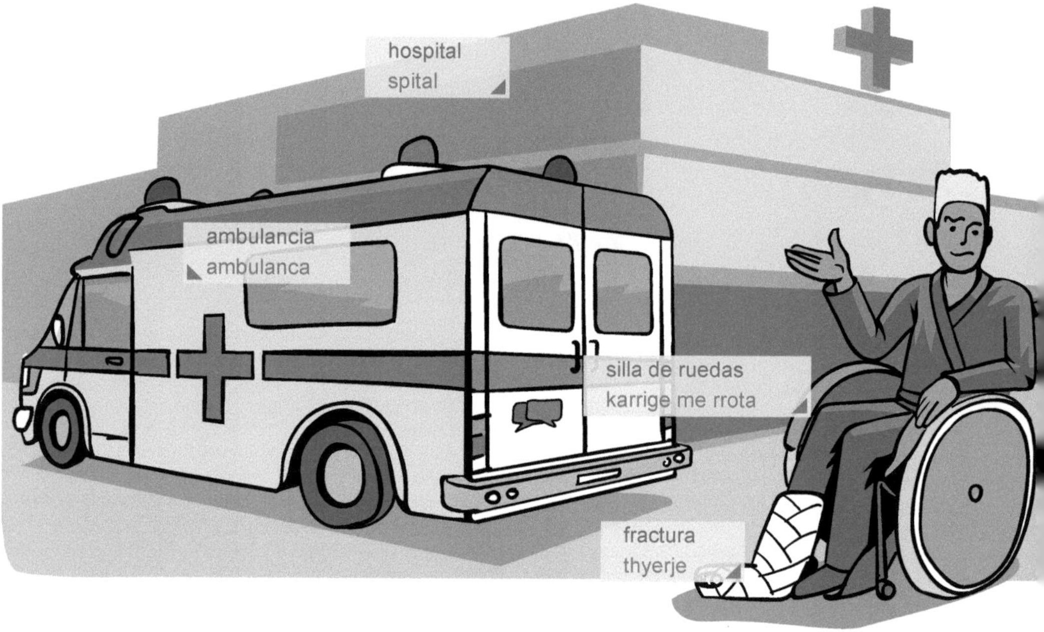

hospital
spital
ambulancia
ambulanca
silla de ruedas
karrige me rrota
fractura
thyerje

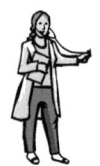

médico

mjek

sala de guardia

sallë urgjencash

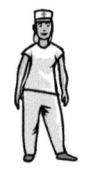

enfermera

infermiere

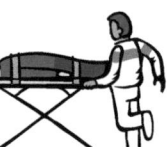

emergencia

emergjencë

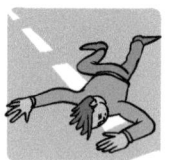

inconsciente

i pandërgjegjshëm

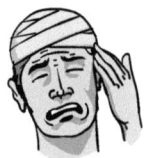

dolor

dhimbje

	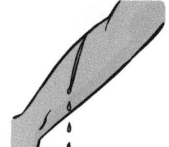	
lesión	hemorragia	infarto
dëmtim	gjakosje	infarkt

ACV	alergia	tos
goditje	alergji	kolla

fiebre	gripe	diarrea
ethe	grip	diarre
	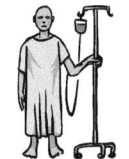	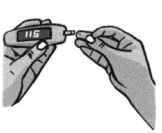
dolor de cabeza	cáncer	diabetes
dhimbje koke	kancer	diabet

cirujano	bisturí	operación
kirurg	bisturi	operacion

TC

CT (skaner)

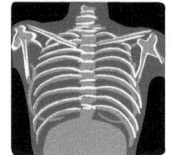

rayos x

radiografi

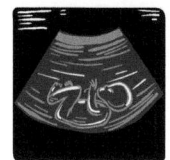

ecografía

ultratingull

barbijo

maskë fytyre

enfermedad

sëmundje

sala de espera

dhomë pritjeje

muleta

paterica

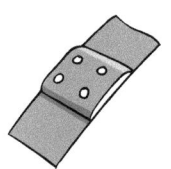

curita

leukoplast

venda

fasho

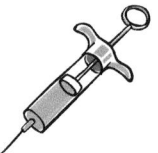

inyección

injeksion

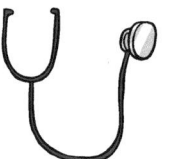

estetoscopio

stetoskop

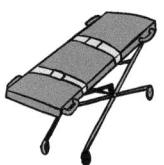

camilla

barelë

termómetro

termometër

nacimiento

lindje

sobrepeso

mbipeshë

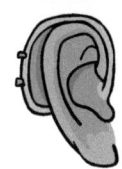

audífono

aparat dëgjimi

desinfectante

dezinfektant

infección

infeksion

virus

virus

VIH / SIDA

HIV / AIDS

remedio

mjekësi, mjekim

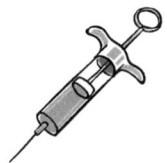

vacunación

vaksinim

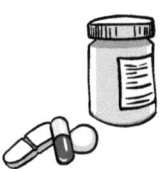

comprimidos

tableta

pastilla anticonceptiva

pilulë

llamada de emergencia

telefonatë emergjence

tensiómetro

aparat tensioni

enfermo / sano

i sëmurë / i shëndetshëm

¡Ayuda!

Ndihmë!

alarma

alarm

agresión

sulm

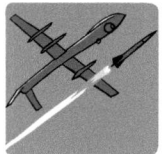

ataque

atak

peligro

rrezik

salida de emergencia

dalje emergjence

¡Fuego!

Zjarr!

matafuego

fikëse zjarri

accidente

aksident

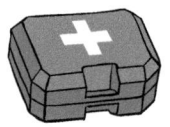

botiquín de primeros
auxilios

kuti e ndimës së shpejtë

SOS

SOS

policía

policia

Europa

Europa

América del Norte

Amerika e Veriut

América del Sur

Amerika e Jugut

África

Afrika

Asia

Azia

Australia

Australia

Atlántico

Atlantiku

Pacífico

Paqësori

Océano Índico

Oqeani Indian

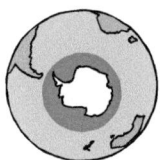

Océano Antártico

Oqeani Antarktik

Océano Ártico

Oqeani Arktik

polo norte

Poli i veriut

polo sur

Poli i Jugut

Antártida

Antarktida

Tierra

toka

tierra

tokë

mar

det

isla

ishull

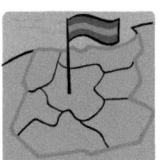

nación

komb

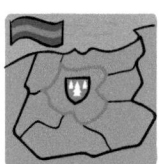

estado

shtet

esfera

fusha e orës

manecilla de las horas

akrepi i orës

minutero

akrepi i minutave

segundero

akrepi i sekondave

¿Qué hora es?

Sa është ora?

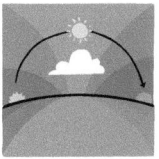

día

ditë

hora

kohë

ahora

tani

reloj digital

orë dixhitale

minuto

minutë

hora

orë

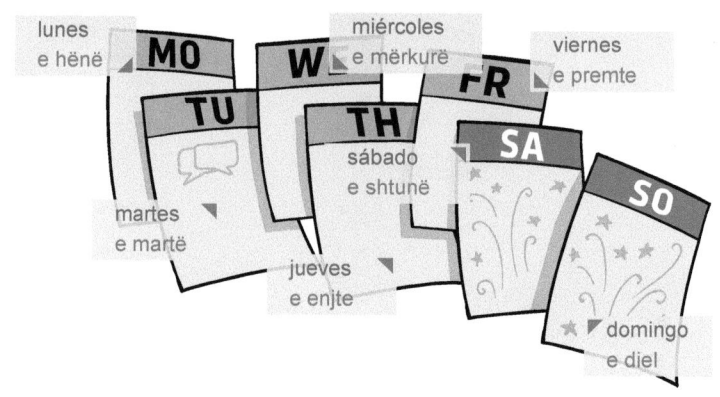

lunes / e hënë — MO
miércoles / e mërkurë — W
viernes / e premte — FR
martes / e martë — TU
sábado / e shtunë — TH — SA
jueves / e enjte
domingo / e diel — SO

ayer
dje

hoy
sot

mañana
nesër

mañana
mëngjes

mediodía
mesditë

tarde
mbrëmje

MO	TU	WE	TH	FR	SA	SU
1	2	3	4	5	6	7
8	9	10	11	12	13	14
15	16	17	18	19	20	21
22	23	24	25	26	27	28
29	30	31	1	2	3	4

días hábiles
ditë pune

MO	TU	WE	TH	FR	SA	SU
1	2	3	4	5	6	7
8	9	10	11	12	13	14
15	16	17	18	19	20	21
22	23	24	25	26	27	28
29	30	31	1	2	3	4

fin de semana
fundjavë

año
vit

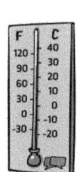

lluvia
shi
arco iris
ylber
nieve
borë
viento
erë
primavera
pranverë
otoño
vjeshtë
verano
verë
invierno
dimër

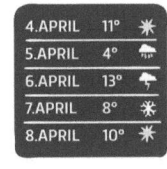

4.APRIL 11°
5.APRIL 4°
6.APRIL 13°
7.APRIL 8°
8.APRIL 10°

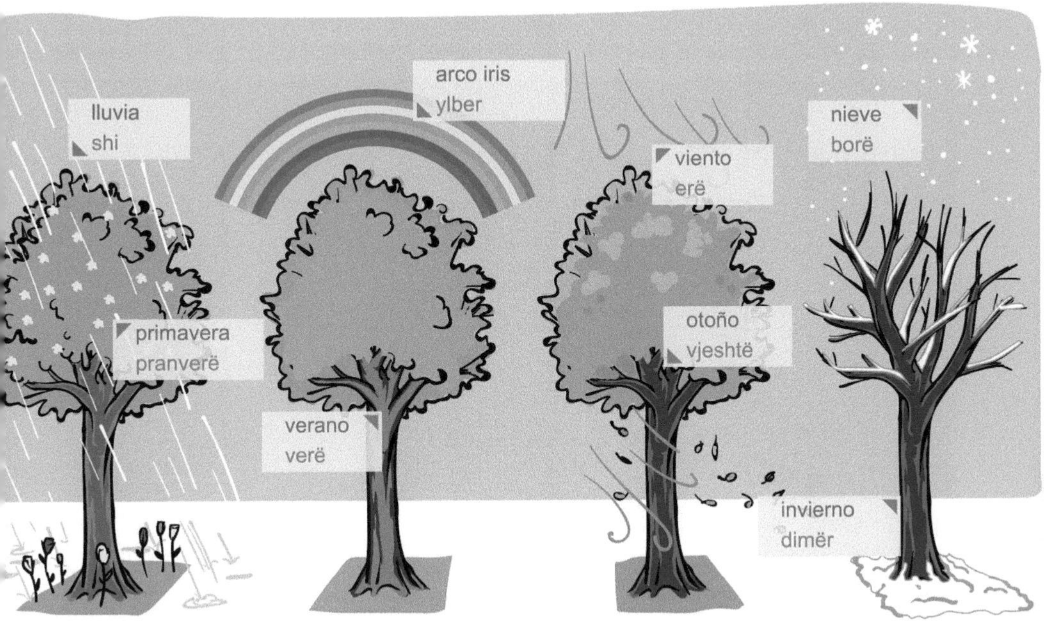

pronóstico meteorológico

parashikimi i motit

F
C
120
90
60
30
0
-30
40
30
20
10
0
-10
-20

termómetro

termometër

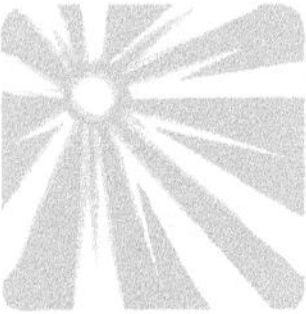

luz del sol

ndriçim dielli

nube

re

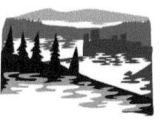

niebla

mjegull

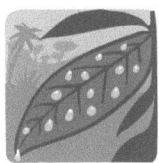

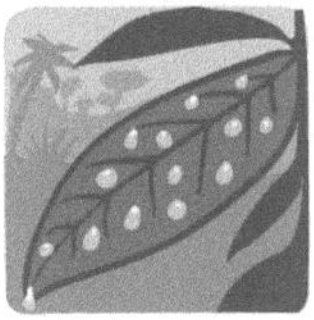

humedad

lagështi

rayo

vetëtima

trueno

gjëmim

tormenta

stuhi

granizo

breshër

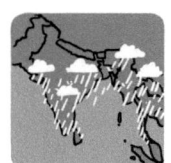

monzón

muson

inundación

përmbytje

hielo

akull

enero

janar

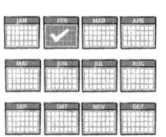

febrero

shkurt

marzo

mars

abril

prill

mayo

maj

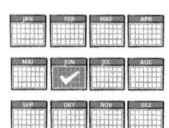

junio

qershor

julio

korrik

agosto

gusht

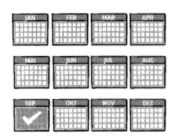

septiembre

shtator

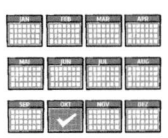

octubre

tetor

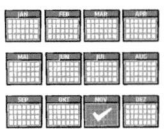

noviembre

nëntor

diciembre

dhjetor

formas
forma

círculo

rreth

cuadrado

katror

rectángulo

drejtkëndësh

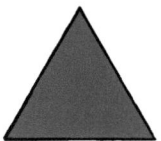

triángulo

trekëndësh

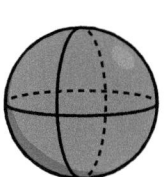

esfera

sferë

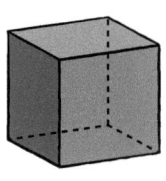

cubo

kub

colores
ngjyra

blanco

e bardhë

amarillo

e verdhë

naranja

portokalli

rosa

rozë

rojo

e kuqe

violeta

vjollcë

azul

blu

verde

e gjelbër

marrón

kafe

gris

gri

negro

e zezë

mucho / poco

shumë / pak

enojado / tranquilo

i nevrikosur / i qetë

lindo / feo

i bukur / i shëmtuar

principio / fin

fillim / fund

grande / chico

i madh / i vogël

claro / oscuro

i ndritshëm / i errët

hermano / hermana

vëlla / motër

limpio / sucio

e pastër / e pistë

completo / incompleto

e plotë / jo e plotë

día / noche

ditë / natë

muerto / vivo

gjallë / vdekur

ancho / angosto

i gjerë / i ngushtë

comestible / no comestible

i ngrënshëm / i pangrënshëm

malo / amable

i keq / i këndshëm

entusiasmado / aburrido

i lumtur / i mërzitur

gordo / flaco

i shëndoshë / i dobët

primero / último

e para / e fundit

amigo / enemigo

mik / armik

lleno / vacío

plot / bosh

duro / blando

e fortë / e butë

pesado / liviano

e rëndë / e lehtë

hambre / sed

uri / etje

enfermo / sano

i sëmurë / i shëndetshëm

ilegal / legal

e paligjshme / e ligjshme

inteligente / estúpido

i zgjuar / budalla

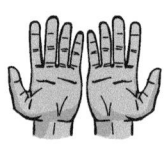

izquierda / derecha

majtas / djathtas

cerca / lejos

afër / larg

nuevo / usado

e re / e përdorur

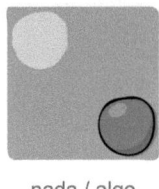

nada / algo

asgjë / diçka

viejo / joven

i moshuar / i ri

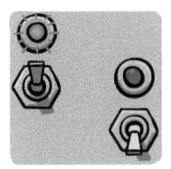

encendido / apagado

ndezur / fikur

abierto / cerrado

hapur / mbyllur

silencioso / ruidoso

i qetë / i zhurmshëm

rico / pobre

i pasur / i varfër

correcto / incorrecto

e drejtë / e gabuar

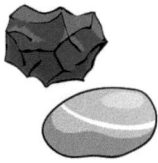

áspero / suave

i ashpër / i butë

triste / contento

i mërzitur / i lumtur

corto / largo

i shkurtër / i gjatë

lento / rápido

ngadalë / shpejt

mojado / seco

i lagësht / i thatë

caliente / frío

ngrohtë / freskët

guerra / paz

luftë / paqe

números
numra

0
cero
zero

1
uno
një

2
dos
dy

3
tres
tre

4
cuatro
katër

5
cinco
pesë

6
seis
gjashtë

7
siete
shtatë

8
ocho
tetë

9
nueve
nentë

10
diez
dhjetë

11
once
njëmbëdhjetë

12
doce
dymbëdhjetë

13
trece
trembëdhjetë

14
catorce
katërmbëdhjetë

15
quince
pesëmbëdhjetë

16
dieciséis
gjashtëmbëdhjetë

17
diecisiete
shtatëmbëdhjetë

18
dieciocho
tetëmbëdhjetë

19
diecinueve
nentëmbëdhjetë

20
veinte
njëzetë

100
cien
qind

1.000
mil
mijë

1.000.000
millón
milion

inglés

anglisht

inglés americano

anglishte amerikane

chino mandarín

kinezisht mandarin

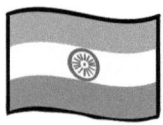

hindi

hindi

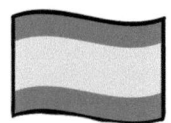

español

spanjisht

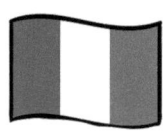

francés

frëngjisht

árabe

arabisht

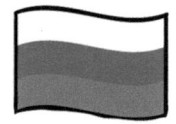

ruso

rusisht

portugués

portugalisht

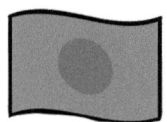

bengalí

bengalisht

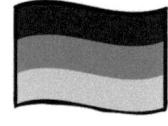

alemán

gjermanisht

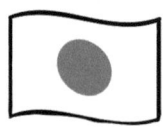

japonés

japonisht

yo

unë

vos

ti

él / ella

ai / ajo

nosotros

ne

ustedes

ju

ellos

ata

¿quién?

kush?

¿qué?

çfarë?

¿cómo?

si?

¿dónde?

ku?

¿cuándo?

kur?

nombre

emër

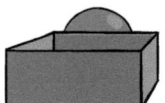

detrás

pas

en

në

adelante de

përballë

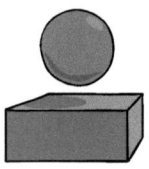

por encima de

sipër

sobre

mbi

debajo de

poshtë

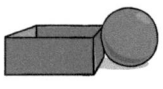

al lado de

pranë

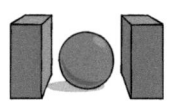

entre

midis

lugar

vend